Hacerse preguntas

Si quiero saber algo más sobre la lectura, que no se explica, **me hago preguntas**.

Me gusta dibujar

Lada J. Kratky
Ilustraciones de Pablo De Bella

Así se dibuja la cara.

Así se dibujan los ojos.

Así se dibujan las cejas.

Así se dibuja la nariz.

Así se dibuja la boca.

Así se dibujan las orejas.

Así se dibuja el pelo.

¡Qué guapo!

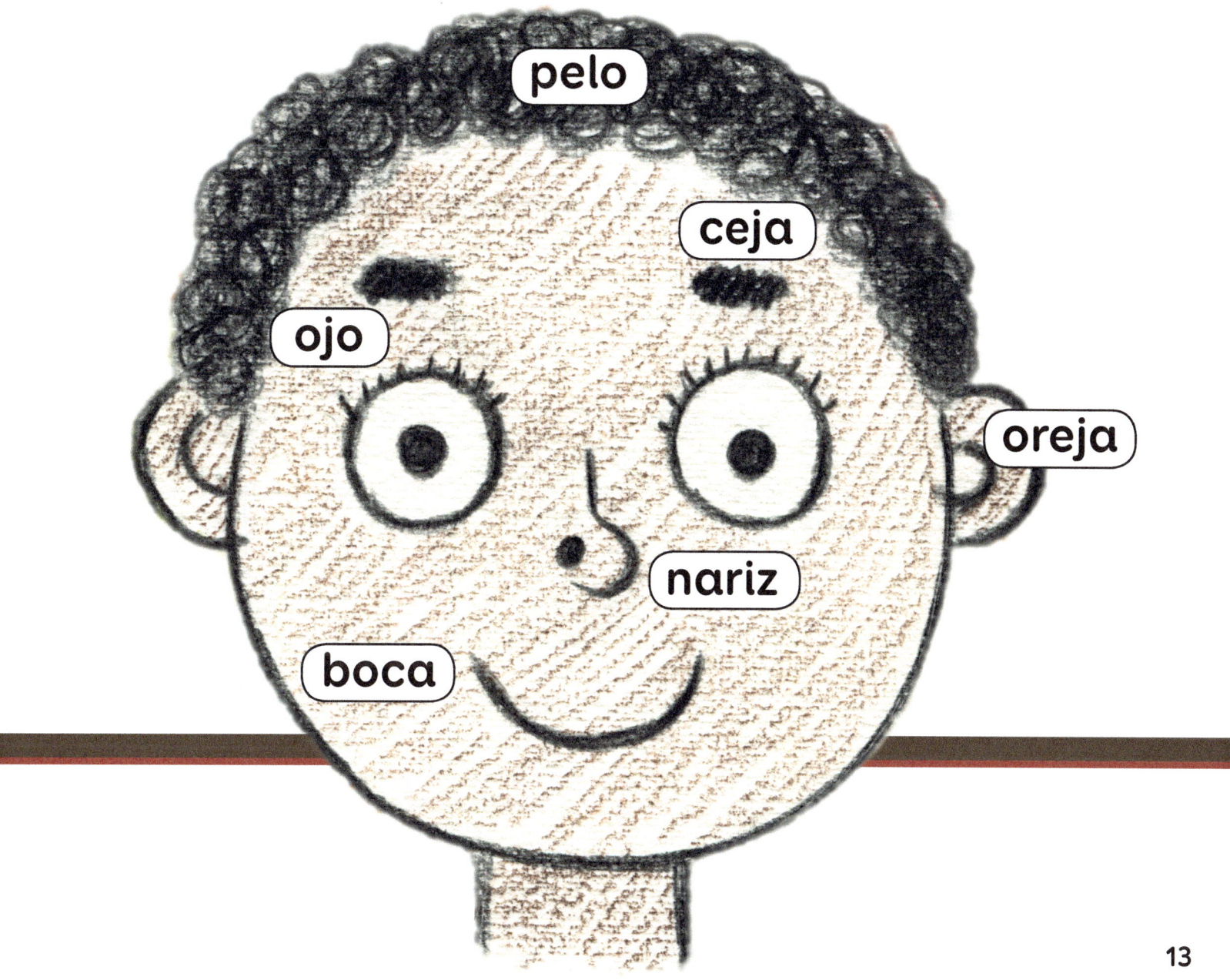

Me gusta dibujar
ISBN: 978-1-68292-530-0

© Del texto: 2017, Lada Josefa Kratky
© De esta edición:
2017, Vista Higher Learning, Inc.
500 Boylston Street Suite 602
Boston, MA 02116-3736
www.vistahigherlearning.com
www.loqueleo.santillana.com

Dirección editorial: Isabel C. Mendoza
Edición: Ana I. Antón
Dirección de arte y producción: Jacqueline Rivera
Ilustrador: Pablo De Bella
Montaje: Gráfika LLC

Todos los derechos reservados. Esta publicación no puede ser reproducida, ni en todo ni en parte, ni registrada en o transmitida por un sistema de recuperación de información, en ninguna forma ni por ningún medio, sea mecánico, fotoquímico, electrónico, magnético, electroóptico, por fotocopia o cualquier otro, sin el permiso previo, por escrito, de la editorial.

Published in the United States of America.

2 3 4 5 6 7 8 9 GP 26 25 24 23 22

Aquí acaba este libro
escrito, ilustrado, diseñado, editado, impreso
por personas que aman los libros.
Aquí acaba este libro que tú has leído,
el libro que ya eres.